ロザ

❶ 初めの祈り・使徒信条
❷ 主の祈り
❸ アヴェ・マリアの祈り（3回）
　栄唱

P.42〜43参照

❹ 神秘・各黙想の提示
　主の祈り
❺ アヴェ・マリアの祈り（10回）
　栄唱

栄唱のあとに「ファティマの祈り」を唱えることもできます（P.44参照）。❹と❺を合わせて「一連」、5連で「一環」と言います。❹と❺を繰り返し、一環唱えます。

❻ 終わりの祈り

「聖マリアの連願」や「元后あわれみの母」などを唱えることができます（P.44参照）。

喜びの神秘 月曜・土曜 　　第1の黙想
神のお告げを
黙想しましょう

1　マリアは仕事をし、祈っている。
　　大天使ガブリエルが神から遣わされる

2　天使のあいさつ、
　　「アヴェ・マリア、恵みに満ちた方」

3　マリアのことば、「そのようなことがありえましょうか」

4　「聖霊があなたに降ります」

5　「わたしは主のはしため」

6　「神のみことばは人となられた」

7　天の喜び

8　旧約時代の義人の喜び

9　わたしたちの喜び

**10　神の子が人間となられたお恵みのために、
　　感謝しましょう**

「聖母マリアへの受胎のお告げ」　アルブレヒト・デューラー

喜びの神秘 月曜・土曜　　第2の黙想

マリアがエリサベトを訪問したことを黙想しましょう

1　マリアは急いで山里に向かう

2　マリアの心は愛に燃えている

3　エリサベトの喜び、「主のお母さまが、
　　わたしを訪問してくださるとは」

4　「信じた方は、なんと幸いでしょう」

5　「胎内の御子も祝福されています」

6　マリアのことば、「わたしの魂は主をあがめます」

7　「主がいやしいはしために
　　目を留めてくださったからです」

8　「権力ある者をその座から降ろし、
　　身分の低い者を高められました」

9　奉仕するマリアの謙虚さ

**10　イエスは、わたしたちの心にも訪れます。
　　どのようにお迎えしましょうか**

「聖母マリアのエリザベト訪問」フェデリーゴ・バロッキ、エレディ・ベネデット ©Wellcome Library, London

喜びの神秘 月曜・土曜　　第3の黙想

イエスのご降誕を黙想しましょう

---

1. 皇帝の命令に、マリアとヨセフは従う
2. 二人は、ベツレヘムに旅立つ
3. 泊まる場所はなく、人びとは主を受け入れなかった
4. イエスは、ベツレヘムの岩屋でお生まれになる
5. 羊飼いたちに、救い主の誕生が告げられる
6. 「天のいと高きところには神に栄光」
7. 羊飼いたちは、幼子を訪れる
8. 羊飼いたちは幼子を礼拝し、贈り物を献げる
9. 羊飼いたちは、救い主のことを人びとに告げ知らせる
10. **イエスはわたしの心にもお生まれになります。何を献げましょうか**

「ご降誕 羊飼いたちの礼拝」 アルブレヒト・デューラー

喜びの神秘 月曜・土曜

第4の黙想

神殿で奉献されたイエスを黙想しましょう

1 占星術の学者たちがイエスを訪れる
2 学者たちが黄金、乳香、没薬を献げる
3 ヘロデ王の兵士たちは、ベツレヘムの幼子たちを殺す
4 学者たちは国に帰り、救い主の到来を告げる
5 マリアとヨセフは、幼子イエスを神殿で奉献する
6 イエスとマリアは、御父にご自分を献げる
7 老いたシメオンは、幼子について預言する
8 「主よ、安らかに去らせてください」。わたしも天国でキリストに会いたい
9 イエスとマリアのように、わたしも自分を献げる
10 **わたしの王イエスよ、全人類のために人間となられたことを感謝いたします**

「幼子イエスの神殿への奉献」 アルブレヒト・デューラー

喜びの神秘 月曜・土曜　　第5の黙想

イエスが神殿で見いだされたことを黙想しましょう

1　聖家族は、エルサレムで過越祭を祝う

2　イエスは、神殿を訪れる

3　両親が帰路についたのに、
　　イエスは学者たちとともに神殿に残る

4　マリアとヨセフは、イエスを見失ったことを悲しむ

5　二人は、心配して御子を探し求める

6　イエスのことば、「わたしが自分の父の家にいる
　　はずだと知らなかったのですか」

7　イエスはナザレに戻り、両親に従って暮らす

8　イエスは、30年間、仕事と祈りの生活をおくる

9　イエスは知恵が増し、背丈も伸び、
　　神と人とに愛される

**10　わたしも聖徳の道に成長したいのです。
　　イエスよ、わたしがあなたを見失わないように。
　　マリアよ、わたしが迷子になったら、探してください**

「学者たちとともに神殿に残る少年イエス」 アルブレヒト・デューラー

光の神秘 木曜

第1の黙想

イエスがヨルダン川で洗礼を受けられたことを黙想しましょう

1 洗礼者ヨハネは、回心を呼びかける
2 「わたしは、荒れ野で叫ぶ声である」
3 「主の道を整え、その小道をまっすぐにせよ」
4 「わたしの後に来られる方は、
　わたしより前に存在しておられた」
5 イエスは、ヨルダン川の水に入る
6 「あなたは、わたしの愛する子、
　わたしの心に適う者」
7 聖霊は、鳩の形でイエスの上に降った
8 「この方こそ、聖霊により洗礼を授ける方である」
9 「見よ、世の罪を取り除く神の小羊」
10 **わたしたちは、洗礼の恵みのために
　神に感謝しましょう**

「主の洗礼」 フランチェスコ・アルバーニ、フランチェスコ・ロサスピナ

光の神秘 木曜　　第2の黙想

イエスがカナの婚礼で最初の奇跡を行われたことを黙想しましょう

1　ヨハネはイエスを証しし、
　　幾人かの弟子はメシアに出会う

2　イエスは、弟子たちとともにガリラヤへ旅をする

3　マリアは、カナの婚礼を手伝っている

4　イエスと弟子たちが婚礼に招かれる

5　イエスは、花婿と花嫁の喜びに参加する

6　母はイエスに、
　　「ぶどう酒がなくなりました」と言った

7　「婦人よ、わたしの時はまだ来ていません」

8　「この人が言うとおりにしてください」

9　イエスが行われた最初のしるしで、
　　その栄光が現された

**10　わたしたちも、結婚の尊さをカナの婚礼から
　　学びましょう**

「カナの婚礼」 コルネリウス・シュット

光の神秘 木曜　　第3の黙想

イエスが神の国の到来を宣言されたことを黙想しましょう

1　イエスは、ご自分の使命を果たすために
　　家を後にする

2　「暗闇に住む人びとの上に光がのぼった」

3　「回心して、福音を信じなさい」

4　「心の貧しい人は、幸いである。
　　天の国は彼らのものである」

5　「あなたがたは世の光である」

6　「天の父が完全であるように、
　　あなたがたも完全でありなさい」

7　「他人の前でよい業を行って、
　　人に見せびらかさないように気をつけなさい」

8　「何よりもまず、神の国とその福音を求めなさい」

9　「求めなさい、そうすれば与えられる」

10　わたしたちも、神の国にふさわしい者であるように
　　努力します

SERMON ON THE MOUNT

「山上の垂訓」　ポール・ギュスターヴ・ドレ

光の神秘 木曜

第4の黙想

イエスが3人の弟子の前で姿を変えられたことを黙想しましょう

1 イエスは、ペトロ、ヤコブ、ヨハネと一緒に山を登る
2 イエスは、「父よ、あなたに感謝します」と祈る
3 「イエスの顔は太陽のように輝いた」
4 旧約の「律法」を代表するモーセが現れる
5 旧約の「預言者」を代表するエリヤが現れる
6 「主よ、わたしたちがここにいるのは、すばらしいことです」
7 「これはわたしの愛する子、わたしの心に適う者」
8 「これはわたしの愛する子。これに聞け」
9 「恐れることはない」
10 **わたしたちも、天国でイエスの輝く姿を仰ぎ見ることになっています**

THE TRANSFIGURATION
And there appeared unto them Elias with Moses: and they were talking with Jesus.
...(Mark 9: 4)

「主の変容」　ポール・ギュスターヴ・ドレ

光の神秘 木曜　第5の默想

イエスが最後の晩餐でご聖体を制定されたことを默想しましょう

1　イエスは、過越祭の食事を準備するよう、弟子たちに命じられる

2　弟子たちは、神殿で過越の小羊をいけにえに献げる

3　イエスは、ご自分の時が来たことを悟り、かぎりなく弟子たちに愛を示された

4　「わたしがあなたたちを愛したように、あなたたちも互いに愛し合いなさい」

5　「これは、あなたがたのために渡されるわたしの体である」

6　「これは、新しい、永遠の契約の血である」

7　「わたしの記念としてこれを行いなさい」

8　「父よ、わたしたちが一つであるように、彼らも一つでありますように」

9　「信仰の神秘」

10　**「主の死を思い、復活をたたえよう、主が来られるまで」**

「最後の晩餐」 アルブレヒト・デューラー

苦しみの神秘　火曜・金曜　　第1の黙想

イエスがゲツセマネの園で祈られたことを黙想しましょう

1. イエス、最後の晩餐で
   弟子たちに極みまで愛を示される

2. ユダ、ペトロ、ヨハネのそれぞれの態度

3. 「父よ、彼らが一つになりますように」

4. イエスが祈っておられたとき、
   弟子たちは眠っていた

5. 「父よ、わたしの望みではなく、み心のままに」

6. その汗は、血の滴のように地に落ちていた

7. ユダ、イエスにくちづけをする

8. イエスは「わたしである」と答える

9. イエスは、裁判所に引かれていく

**10 そのとき、弟子たちは逃げました。
イエスよ、わたしたちの罪もあなたを苦しめました**

「オリーブ山で祈るイエス」 アルブレヒト・デューラー

苦しみの神秘 火曜・金曜　第2の黙想

イエスが鞭打たれたことを黙想しましょう

1 イエスは、大祭司アンナスとカイアファから尋問される

2 イエスは、刑吏たちにからかわれ、殴られ、侮辱される

3 ペトロは、イエスを否む

4 イエスはふり向いてペトロをみつめた。ペトロは外に出て激しく泣いた

5 イエスは、ピラトの前に立ち裁判を受ける

6 イエスは、ヘロデ王から侮蔑される

7 「わたしの国はこの地上のものではない」

8 イエスは鞭打たれる

9 「足の裏から頭まで、すこやかなところはない」

(イザヤ書1章6節)

10　イエスよ、わたしも苦しみを与えるほうに加わりました。おゆるしください

「茨の冠を被せられ鞭打たれるイエス」　アルブレヒト・デューラー　25

苦しみの神秘 火曜・金曜　第3の黙想

イエスが茨の冠をかぶせられたことを黙想しましょう

---

1. 群衆は、イエスを拒み、バラバを選ぶ
2. イエスは、官邸の中で兵士たちから嘲弄され、茨の冠をかぶせられる
3. 「見よ、この人を」
4. 「十字架につけろ」
5. イエスは、ピラトから死を宣告される
6. 「その血は、わたしたちとわたしたちの子孫の上に」と民衆は叫んだ
7. 十字架は準備される
8. 処刑されるために、イエスは刑場に向かう
9. マリア、敬けんな婦人たち、ヨハネと多くの人びとがイエスのあとについていく
10. **イエスの苦しみに、わたしたちの苦しみを合わせましょう**

「見よ、この人を」 アルブレヒト・デューラー

苦しみの神秘 火曜・金曜　第4の黙想

カルワリオへの道を歩まれたイエスを黙想しましょう

1　イエスは、十字架を担って歩み出す

2　イエスは、はじめて倒れる

3　イエスは、母マリアに出会う

4　キレネのシモンは、イエスの代わりに
　　十字架を担う

5　ベロニカという女が、布でイエスの顔をぬぐう

6　イエスは、ふたたび倒れる

7　イエスは、エルサレムの婦人たちを慰める

8　イエスは、三度、倒れる

9　刑場で、処刑の準備が行われる

10　わたしたちも、イエスとともに
　　毎日の十字架を担いましょう

「十字架を背負うイエス」 アルブレヒト・デューラー

苦しみの神秘 火曜・金曜　第5の黙想

イエスが十字架上で亡くなられたことを黙想しましょう

1　服をはがされたイエスは、離脱の模範を示す

2　十字架に釘づけられたイエスは、
　　神のみ心に従う模範を示す

3　イエスは、敵から侮辱され、嘲弄される

4　イエスは、一人の犯罪人に
　　「今日、わたしと一緒に天国にいる」と告げる

5　「婦人よ、あなたの子です」「あなたの母です」

6　イエスは「渇く」と言われる

7　「父よ、わたしの霊をみ手にゆだねます」

8　「すべては成し遂げられた」

9　そのわき腹から血と水が流れ出た

10　**イエスは、十字架から降ろされて葬られる。
　　主よ、わたしたちの心にいてください**

「十字架上のイエス」 アルブレヒト・デューラー

栄えの神秘 水曜・日曜

第1の黙想

イエスが復活されたことを黙想しましょう

---

1 番兵は、イエスの墓を見張っている

2 イエスは、復活して墓から出る

3 マグダラのマリアと婦人たちは、墓を訪れる

4 婦人たちは、ペトロとヨハネに知らせる

5 ペトロとヨハネは、空っぽの墓を確かめる

6 イエスは、母マリアに現れる

7 イエスはエマオに向かう二人の弟子に現れる

8 マグダラのマリアは、イエスに出会う

9 イエスは、「平和が皆さんとともに」と言って、弟子たちに現れる

**10 トマスが、
「わたしの主よ、わたしの神よ」と言ったように、
わたしたちもイエスの復活を告げ知らせましょう**

「復活」 アルブレヒト・デューラー

栄えの神秘 水曜・日曜　第2の黙想

イエスが天に昇られたことを黙想しましょう

1 「聖霊を受けなさい。人の罪をゆるせば、その罪はゆるされる」

2 イエスはティベリアス湖畔で現れ、「右に網を降ろしなさい」と言われる

3 「ペトロ、わたしを愛しているか」「わたしの羊を牧しなさい」

4 「ペトロ、あなたの信仰がなくならないよう、わたしは祈った」

5 イエスは、洗礼、その他の秘跡を教会にゆだねる

6 「全世界に行って、福音を宣べ伝えなさい」

7 イエスは、天に昇られる

8 イエスは、天に行かれるのをあなたがたが見たのと同じように、またおいでになる

9 イエスは、父の右に座しておられる

10 「わたしは、あなたがたをみなしごにしておかない」イエスが獲得してくださった天国は、わたしの故郷でもあります

「主の昇天」 アルブレヒト・デューラー 35

栄えの神秘 水曜・日曜

第3の黙想

聖霊が降られたことを黙想しましょう

1 使徒たちは、イエスの母マリアと婦人たちとともに集まっている

2 彼らは皆、心を合わせて、熱心に祈っている

3 マティアが、11人の使徒の仲間に加えられる

4 聖霊は、マリアと使徒たちの上にそそがれる

5 教会に、聖霊の賜物が与えられる

6 ペトロは、最初の説教をし、三千人もの人が洗礼を受ける

7 彼らは、使徒たちの教え、相互の交わり、パンを裂くこと、祈ることに熱心だった

8 足の悪い人が治った奇跡により、回心が続く

9 使徒たちは、十字架につけられ、復活したキリストを宣教する

10 わたしも聖霊の賜物を受けています。人の救いのためにどのように活かしていますか

「聖霊降臨」 アルブレヒト・デューラー

栄えの神秘 水曜・日曜   第**4**の黙想

マリアが天に上げられたことを黙想しましょう

1 使徒たちは、最高法院の前でイエスを証しし、拘束される

2 使徒たちは、イエスの名のために苦しみを受けたことを喜ぶ

3 教会に対する最初の迫害が起こり、最初の殉教者が出る

4 サウロが回心する

5 使徒たちは、国々で福音を宣べ伝えるために別れる

6 マリアは、使徒たちの活動を見守る

7 マリアは、御子イエスと再会する望みに燃える

8 マリアは、神のもとに召される

9 使徒たちは、マリアの最期に立ち会う

10 マリアが天に上げられたことを、天使たちとともに喜びましょう

「マリアの被昇天」 アルブレヒト・デューラー

栄えの神秘 水曜・日曜　第5の黙想

聖人の光栄において、マリアが天と地の元后とされたことを黙想しましょう

1　マリアは、天と地の元后の冠を授けられる
2　天において、至聖なる三位一体を仰いで喜ぶ
3　天使とともに喜ぶ
4　太祖と預言者とともに喜ぶ
5　使徒とともに喜ぶ
6　殉教者とともに喜ぶ
7　証聖者とおとめたちとともに喜ぶ
8　諸聖人とともに喜ぶ
9　煉獄の霊魂とともに喜ぶ
**10　わたしたちは皆、母マリアとともに喜びます。
　　わたしたちは、永遠のいのちを信じます**

「聖人たちの礼拝する幼子による聖母の戴冠」 コルネリウス・シュット

祈り

初めの祈り

神よ、わたしを力づけ、
急いで助けに来てください。
栄光は父と子と聖霊に。
初めのように今もいつも世々に。アーメン。

使徒信条（信仰宣言）*

天地の創造主、
全能の父である神を信じます。
父のひとり子、わたしたちの主イエス・キリストを信じます。
主は聖霊によってやどり、おとめマリアから生まれ、
ポンティオ・ピラトのもとで苦しみを受け、
十字架につけられて死に、葬られ、陰府に下り、
三日目に死者のうちから復活し、
天に昇って、全能の父である神の右の座に着き、
生者と死者を裁くために来られます。
聖霊を信じ、聖なる普遍の教会、聖徒の交わり、
罪のゆるし、からだの復活、永遠のいのちを信じます。
アーメン。

主の祈り

天におられるわたしたちの父よ、
み名が聖とされますように。
み国が来ますように。
みこころが天に行われるとおり地にも行われますように。
わたしたちの日ごとの糧を今日もお与えください。
わたしたちの罪をおゆるしください。
わたしたちも人をゆるします。
わたしたちを誘惑におちいらせず、悪からお救いください。
アーメン。

アヴェ・マリアの祈り

アヴェ、マリア、恵みに満ちた方、
主はあなたとともにおられます。
あなたは女のうちで祝福され、
ご胎内の御子イエスも祝福されています。
神の母聖マリア、わたしたち罪びとのために、
今も、死を迎える時も、お祈りください。 アーメン。

栄唱（三位一体の賛美）

栄光は父と子と聖霊に。
初めのように今もいつも世々に。 アーメン。

ファティマの祈り

主イエス・キリスト、わたしたちの罪をゆるしてください。
わたしたちを滅びから救い、すべての人びと、
ことにおんあわれみをもっとも必要としている人びとを
天国に導いてください。アーメン。

聖マリアの連願*

先唱　主よ、あわれんでください。
会衆　主よ、あわれんでください。
先唱　キリスト、あわれんでください。
会衆　キリスト、あわれんでください。
先唱　主よ、あわれんでください。
会衆　主よ、あわれんでください。

先唱　　　　　　　　　　会衆
神の母聖マリア　　わたしたちのために祈ってください。
救い主の母聖マリア　　　〃
無原罪の聖マリア　　　　〃
世の救いの協力者聖マリア　〃
天の栄光に上げられた聖マリア　〃
恵みあふれる聖マリア　　〃
人類の母聖マリア　　　　〃
教会の母聖マリア　　　　〃

使徒たちの母聖マリア 〃
殉教者の母聖マリア 〃
諸聖人の母聖マリア 〃
宣教者の母聖マリア 〃
平和の守護者聖マリア 〃
尊いロザリオの聖マリア 〃
キリシタン発見の聖マリア 〃
尊敬すべきおとめ 〃
忠実なおとめ 〃
柔和、謙遜なおとめ 〃
幼子をいつくしむおとめ 〃
明けの明星 〃
喜びの泉 〃
純潔のかがみ 〃
仕える者の模範 〃
家庭生活の喜び 〃
召命の保護者 〃
キリスト信者の助け 〃
悩み苦しむ者の慰め 〃
病人の希望 〃
やみの中の道しるべ 〃

(→次ページへ続く)

45

(→前ページより)
罪びとのよりどころ 〃
弱く貧しい者の友 〃
心の支え 〃
臨終の時ともにいてくださるかた 〃

先唱 世の罪を除かれる神の小羊

会衆 わたしたちをゆるしてください。

先唱 世の罪を除かれる神の小羊

会衆 わたしたちの祈りを聞き入れてください。

先唱 世の罪を除かれる神の小羊

会衆 わたしたちをあわれんでください。

いつくしみ深い神よ、
わたしたちにいつも信仰に生きる力を
お与えください。
聖母マリアの取り次ぎによって、
今の悲しみから解放され、
永遠の喜びを味わうことができますように。
わたしたちの主イエス・キリストによって。
アーメン。

元后あわれみの母 (Salve Regina)

元后、あわれみの母、
われらのいのち、喜び、希望。
旅路からあなたに叫ぶエバの子、
なげきながら、泣きながらも、
涙の谷にあなたを慕う。
われらのためにとりなすかた、
あわれみの目をわれらに注ぎ、
尊いあなたの子イエスを
旅路の果てに示してください。
おお、いつくしみ、恵みあふれる、喜びのおとめマリア。

チマッティ神父の列福を願う祈り

心の柔和、謙遜なイエスよ、
あなたは、忠実に神に仕えたチマッティ神父をとおして、
おん父の私たちに対する愛を示してくださいました。
私たちも師の模範にならい、聖なる喜びに生き、
日々の務めを誠実に果たし、祈りと愛による相互の一致
また、あなたとの一致に励むことができますように。
(ご自分の意向を加えてください)
あなたの母であり、私たちの助け、
導き手である聖母の取り次ぎによって、
チマッティ神父の列福を早めてください。アーメン。

チマッティ神父の取り次ぎにより神様からのお恵みをいただいた方は、
下記へご連絡ください。

〈連絡先〉
〒182-0033 東京都調布市富士見町3-21-12 サレジオ神学院内 チマッティ資料館
Tel 042-482-3117　Fax 042-490-6707
E-mail db@v-cimatti.com　URL www.v-cimatti.com
郵便振替　00190-0-608734　チマッティ資料館